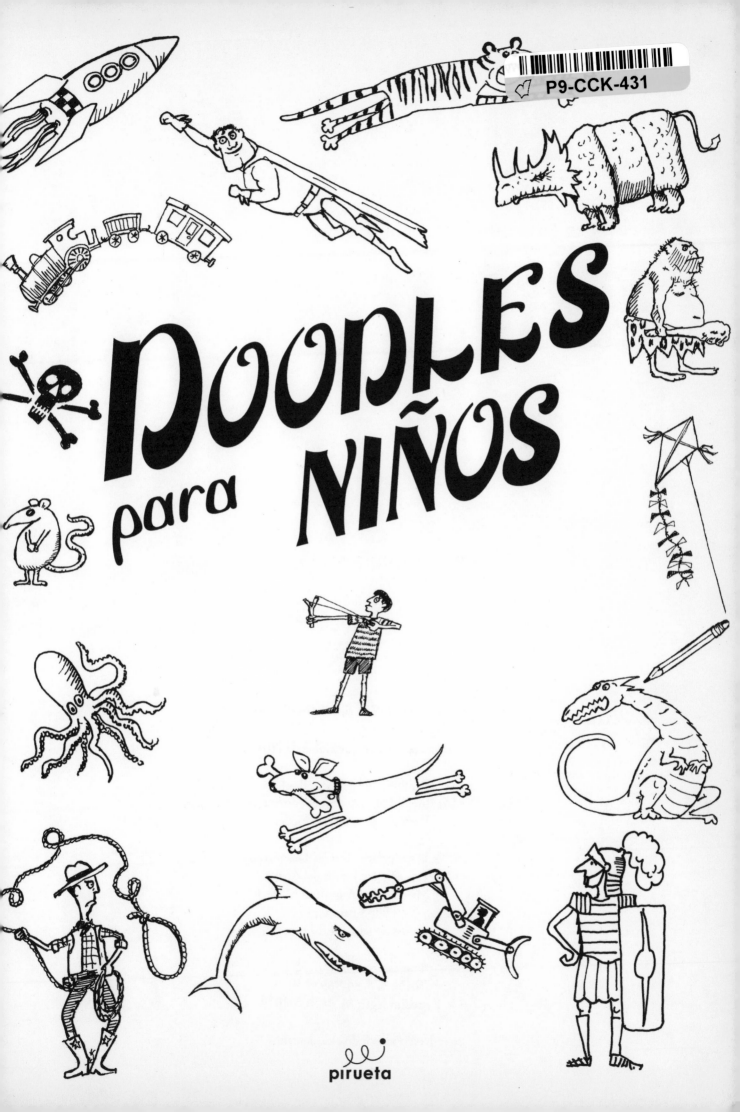

DOODLES para NIÑOS

pirueta

Título original: *The Boys' Doodle Book*

Primera edición: noviembre de 2010

© 2008, 2009 Buster Books
Michael O'Mara Books Ltd es el primer editor en lengua inglesa.
Ilustrado por Andrew Pinder

© de la traducción: Denise Despeyroux
© de esta edición: Libros del Atril S.L.,
Av. Marquès de l'Argentera, 17, Pral.
08003 Barcelona
www.piruetaeditorial.com

Impreso por Brosmac, S.L.
ISBN: 978-84-96939-91-2
Depósito legal: M. 40.165-2010

Inventa un robot.

¡Invasión extraterrestre!

Consigue que sus escudos den miedo.

Dibuja el caballo salvaje de Bill el Bravo.

¡Socorro! Sácame de aquí.

Mmmm, comida.

Me tiembla todo... ¿qué hay en el cofre?

—¡Oh, cómo brilla!

¿Quién es tu héroe?

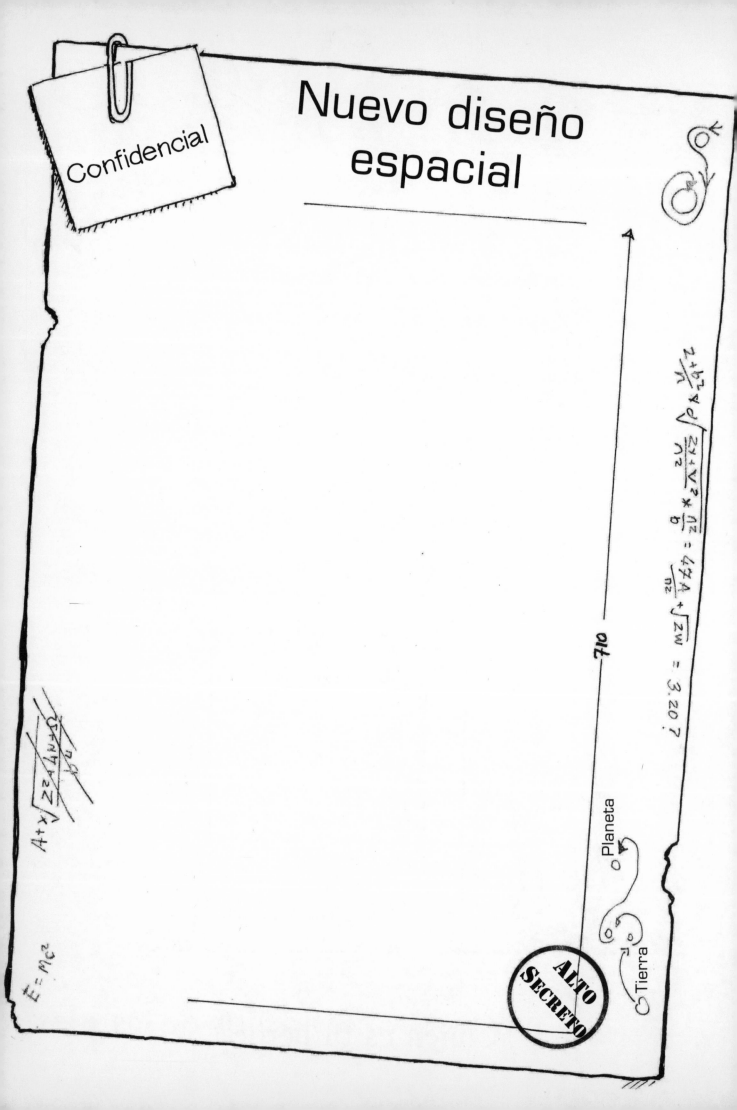

¿Quién le mordisquea los dedos de los pies?

Termina el castillo.

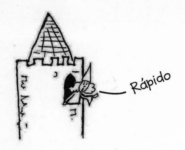

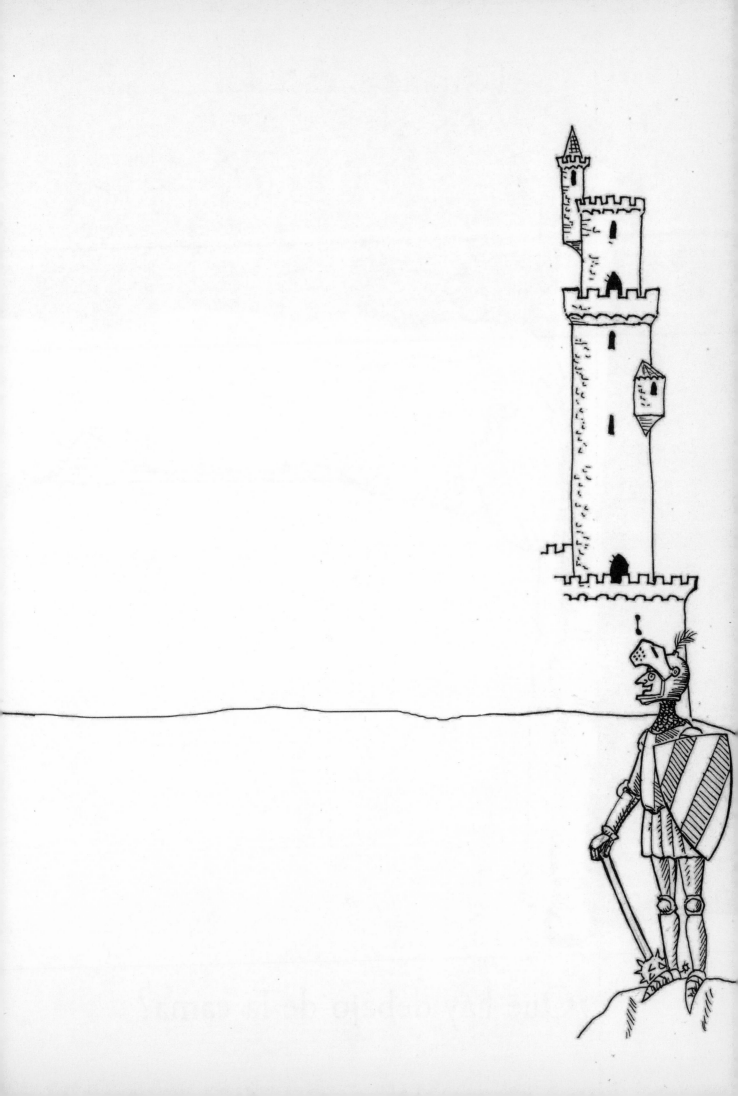

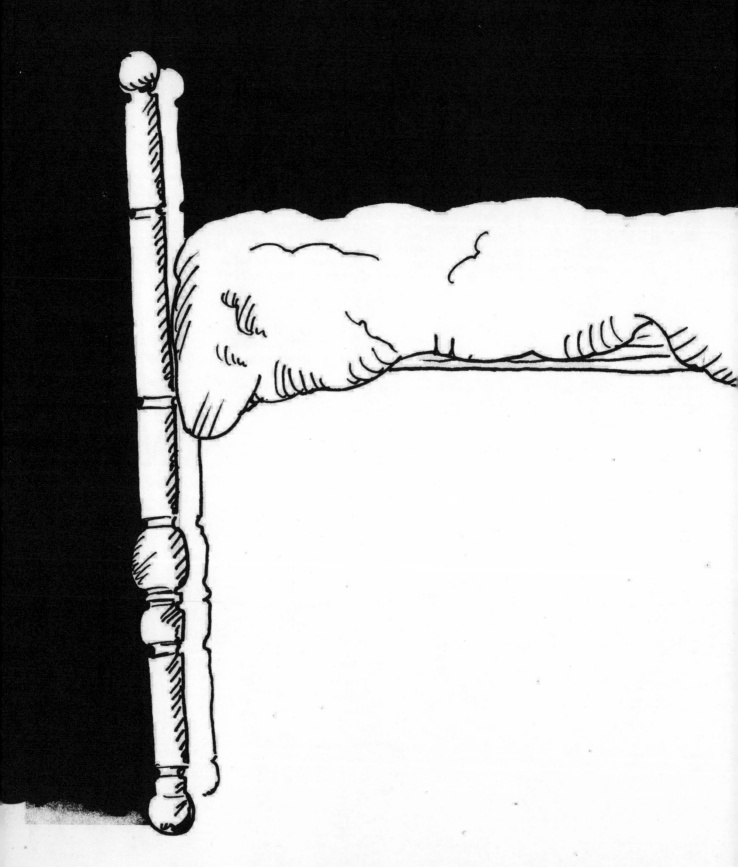

¿Qué hay debajo de la cama?

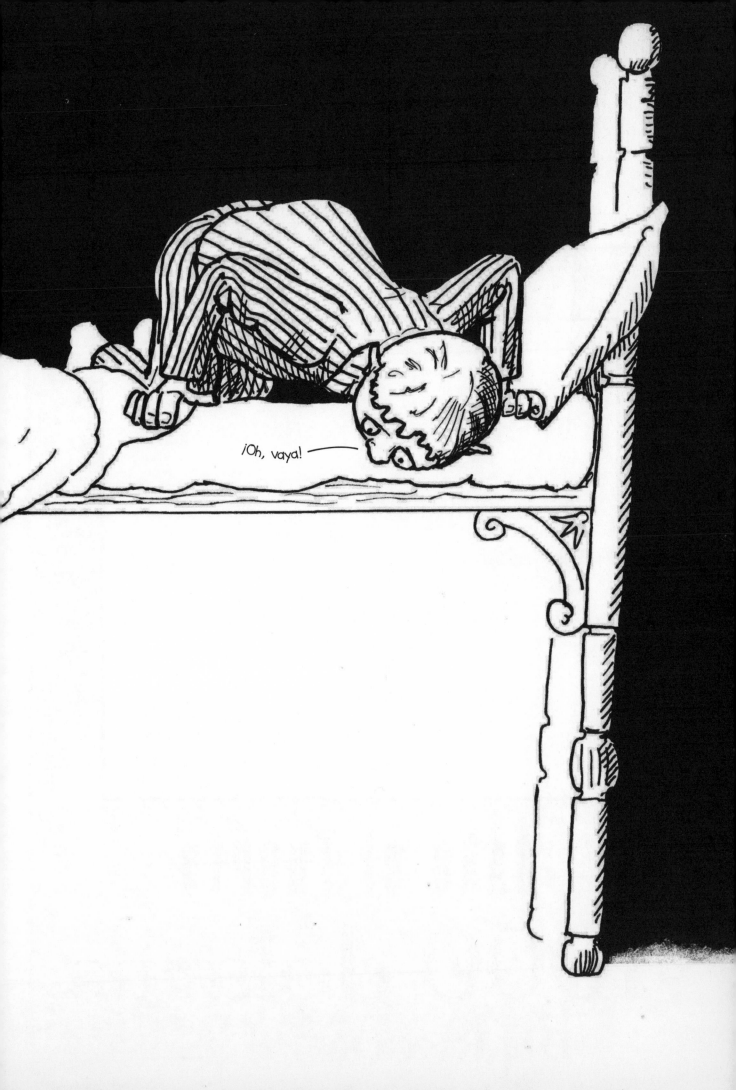

SE BUSCA

VIVO O MUERTO

Jake el Tuerto

1000 dólares

DE RECOMPENSA

Dibuja el monstruo del doctor Frankenstein.

¿Qué hay ahí abajo?

Diseña el traje del superhéroe.

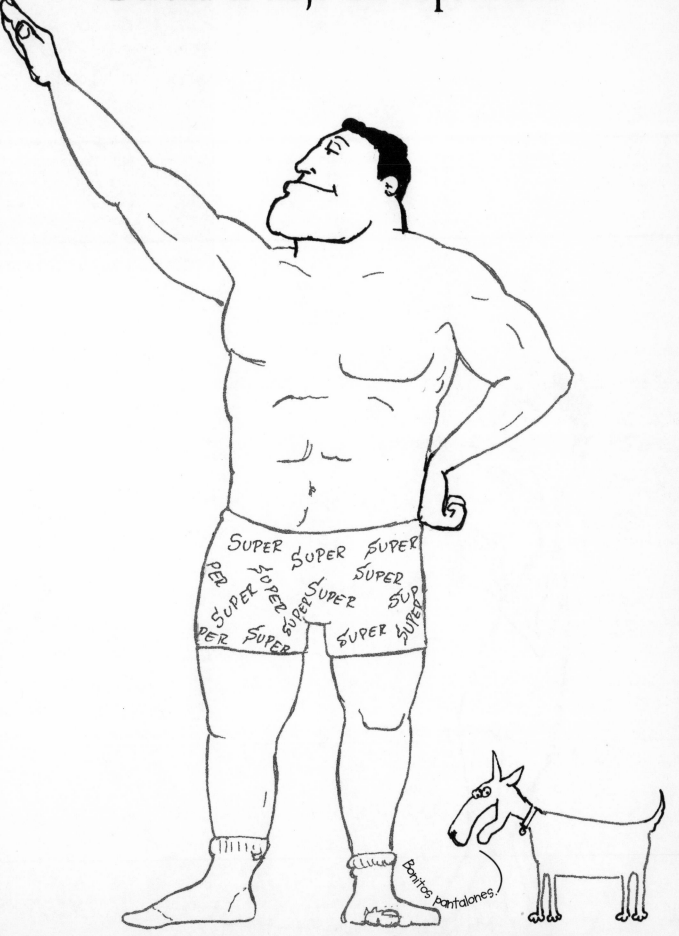

¿Qué le asusta?

¿De qué se está riendo?

¿Qué están cazando los leones?

¿Quién está cazando a los leones?

¿Qué ha atrapado con el lazo?

¡Barco a la vista!

Dibuja algunos especímenes asquerosos.

Construye para ellos una ciudad espacial...

... y para sus perros una perrera espacial.

¡Puaj!

¿Quién va a la caza de regalos?

Termina el recorrido del trineo.

¿Qué excusa se inventa?

¡Chuta el balón y... marca!

¿Quién está mirando a Coco el Payaso?

¡Abracadabra!

Dibuja un dragón que aterrorice.

¿Qué es lo que ha hecho?

¿Qué ha salido de los huevos del dinosaurio?

Dibújale algún arma.

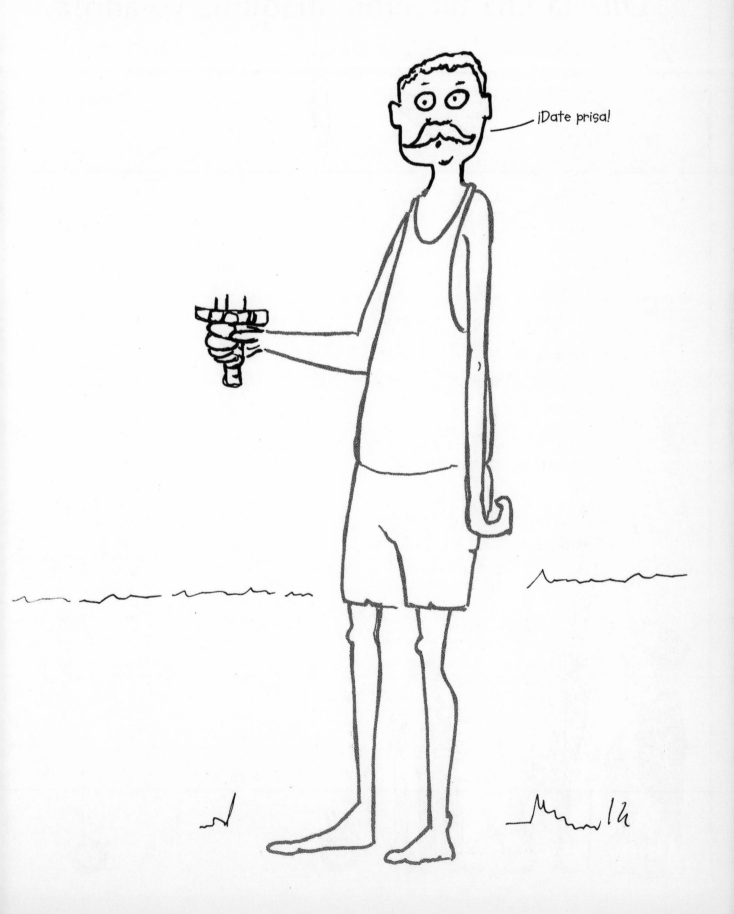

Diseña una increíble máquina voladora.

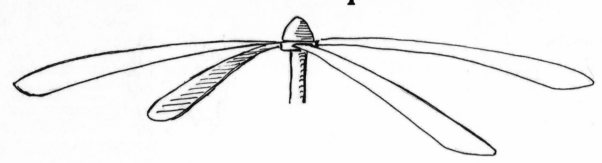

¡Buen oleaje!

¿Qué hay en la cueva?

Termina el mapa del tesoro.

Hazle un peinado moderno.

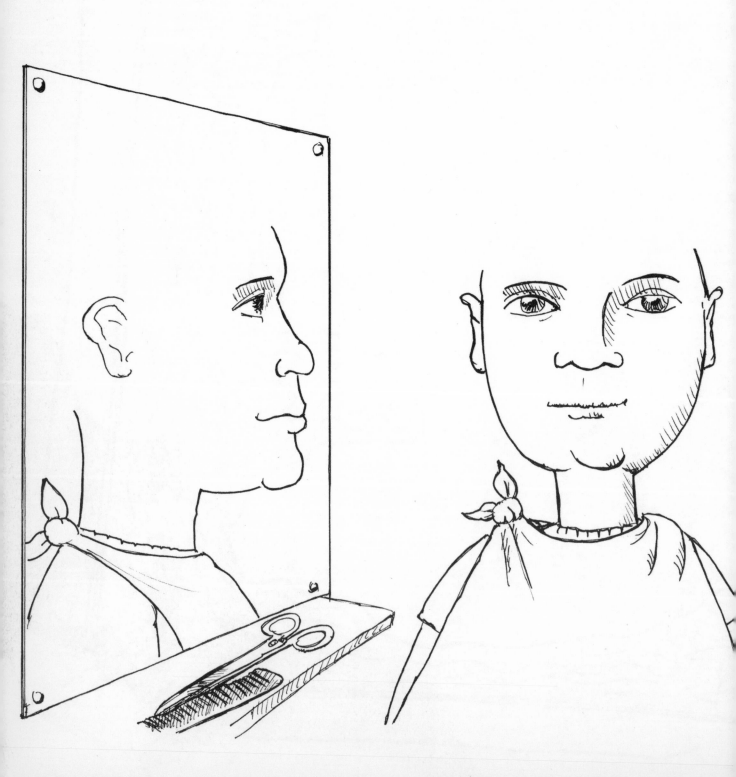

Dulces sueños...

¿Quién está incubando los huevos?

¿Qué ocurre en el castillo?

Mis vacaciones perfectas...

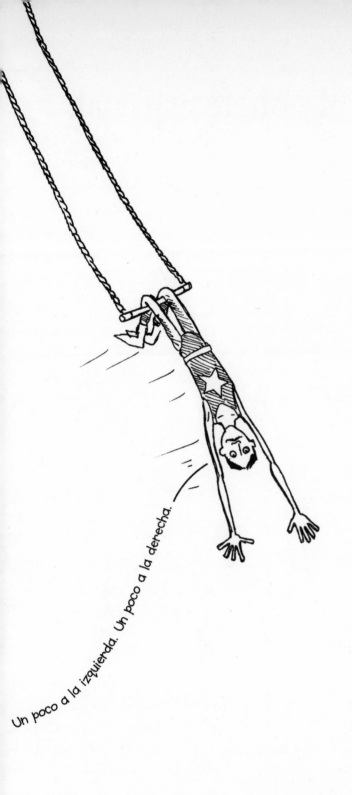

Un poco a la izquierda. Un poco a la derecha.

Completa el número de circo.

Lanza el cohete espacial.

Completa el monstruo.

toc, toc, toc

¿Qué han construido estas hormigas?

Me gusta, es muy «hormigable».

Construye una acogedora casita en el árbol.

¿Quién visita la casa encantada?

Arregla el puente y salva a la gente.

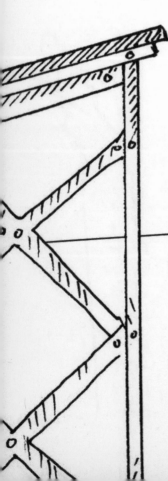

¿Por encima de qué está saltando?

¿Qué está girando en el tornado?

Diseña un aparato fantástico.

¿Qué ha explotado en plena noche?

¿Qué ha explotado en plena noche?

Dibuja su cena.

... y su postre.

Para mí un pedacito muy pequeño.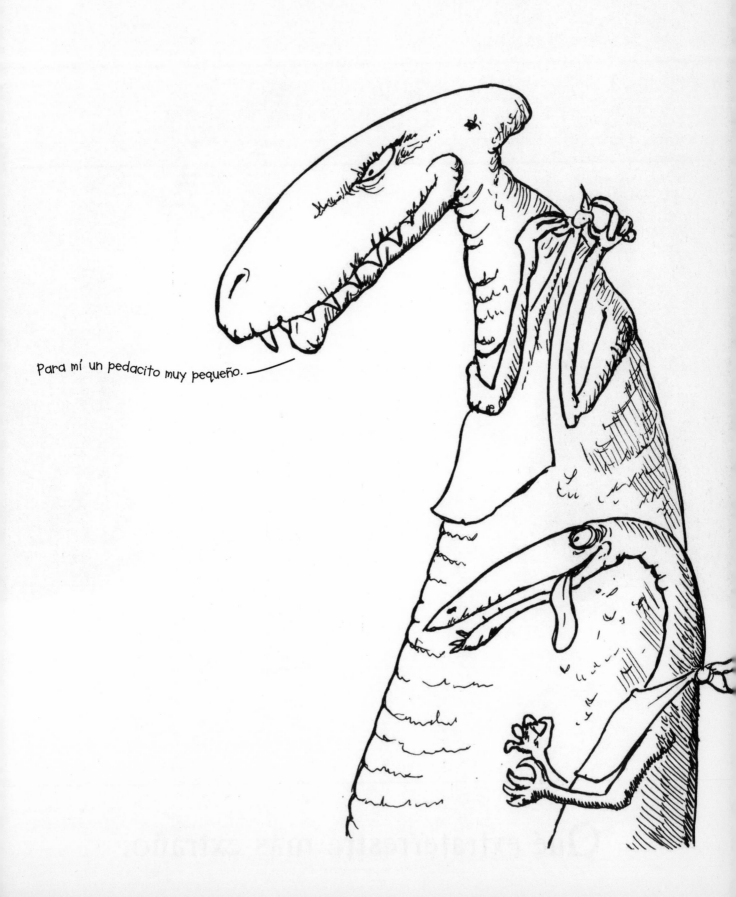

Qué extraterrestre más extraño.

Dibuja su planeta.

¡Oh, no! Un supervillano.

Trae un superhéroe para el rescate.

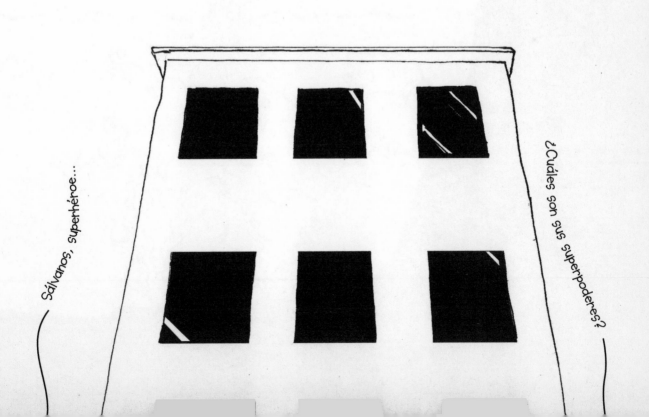

Sálvanos, superhéroe...

¿Cuáles son sus superpoderes?

¿Quién cruza el río?

¿Y cómo?

¿Qué es lo que lo asusta?

¡Ups!

¡Date prisa!

¿Qué está levantando?

BUS ESCOLAR

¿Qué están visitando?

Diseña un camión monstruoso.

¡Genial!

Capitán Jack.

Sin comentarios.

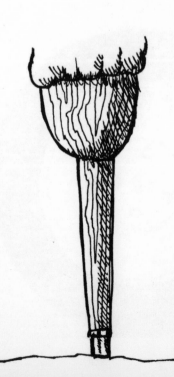

¿Quién ha picado el anzuelo?

¿Por qué huye el hombre de las cavernas?

Termina las pelotas.

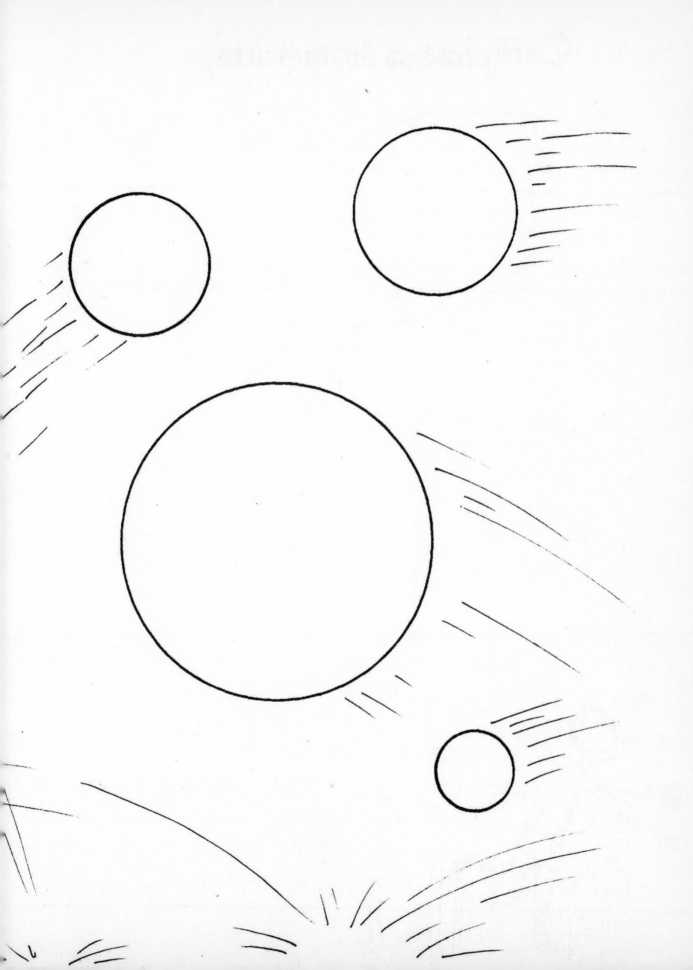

Completa la flota vikinga.

¿Qué se está cocinando?

Dibuja la brigada antiincendios...

¿Apagaste el horno?

... apagando el fuego.

Detén al ladrón.

¿Qué está pasando en la carpa de circo?

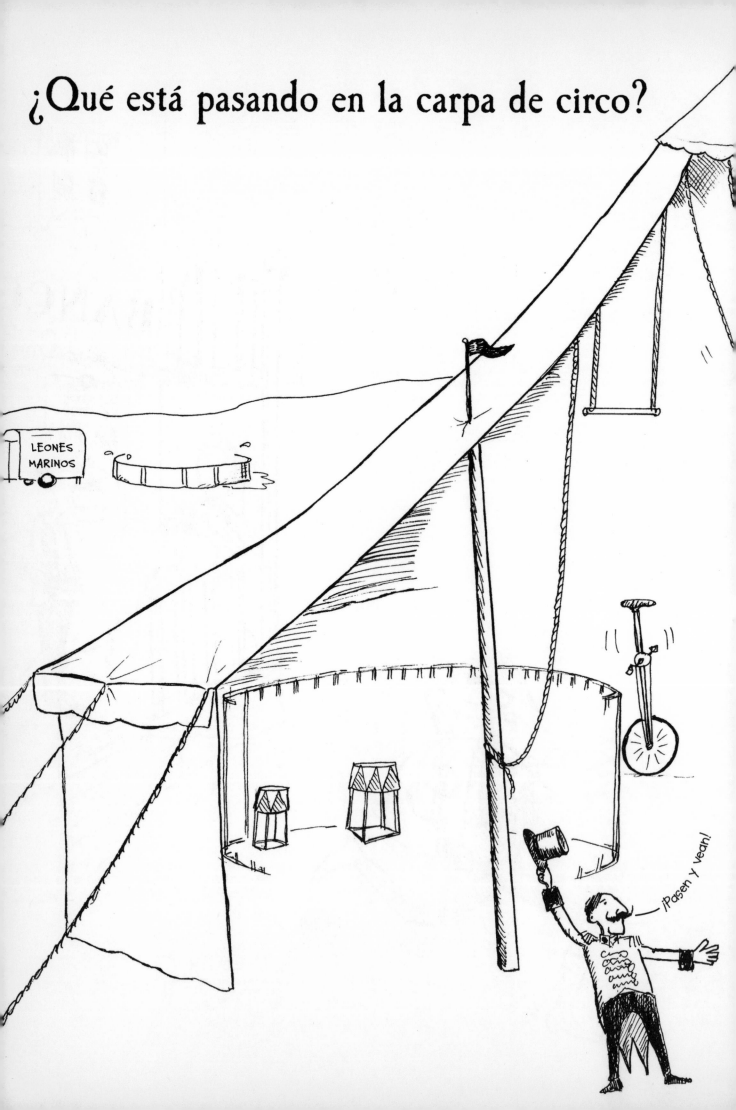

¿Qué hay en la mina embrujada?

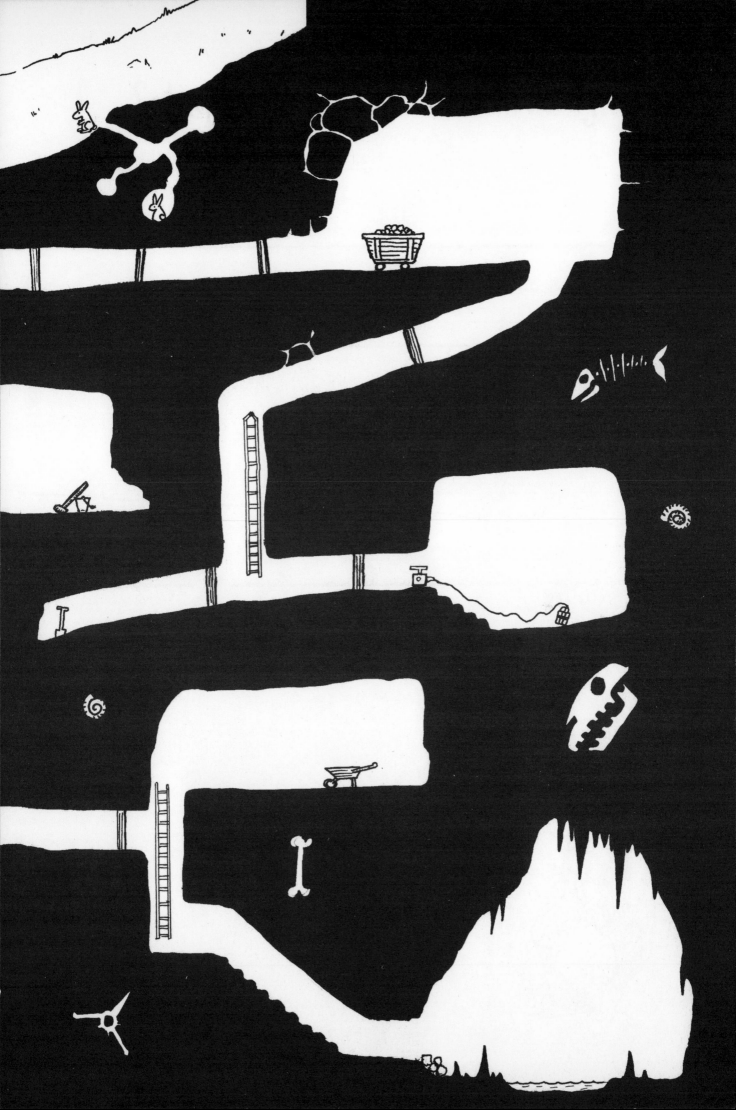

¿Puedes detener la estampida?

¡Recórcholis!

Disfraza al espía.

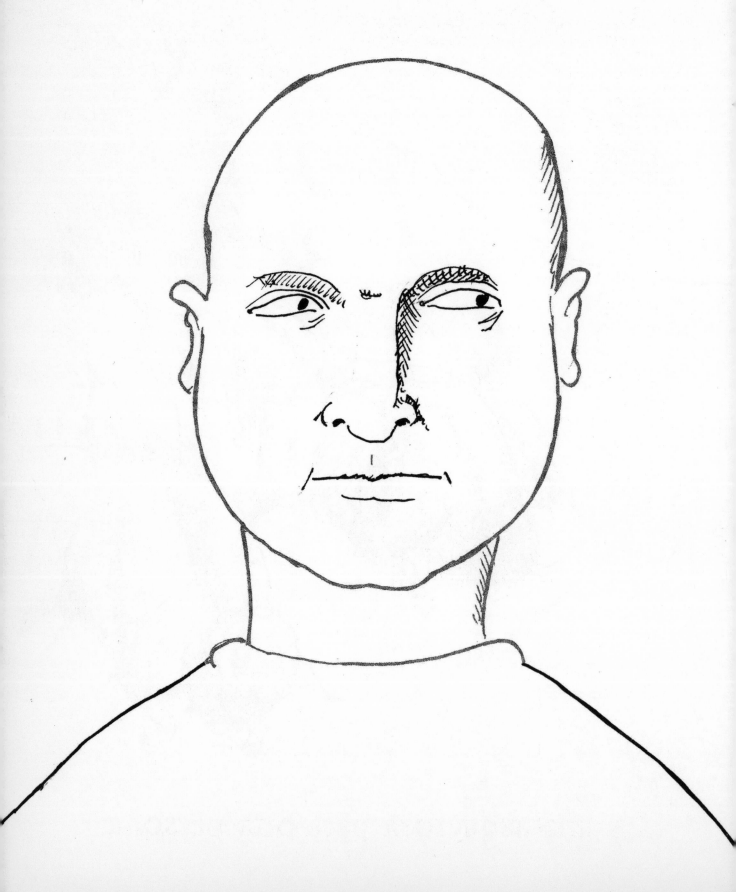

Prepara una suculenta pizza para ti...

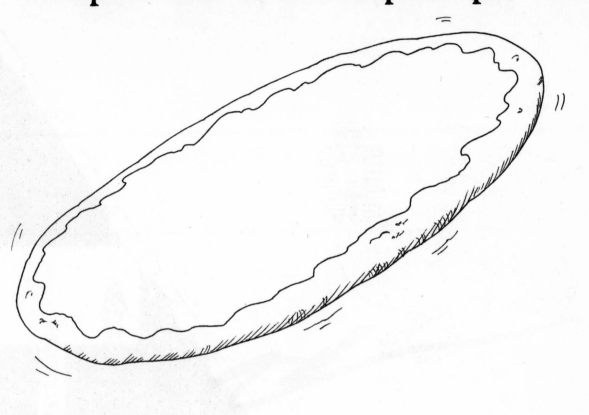

... y una asquerosa para otra persona.

¿Qué hay en la pirámide?

Diseña la montaña rusa
más escalofriante del mundo.

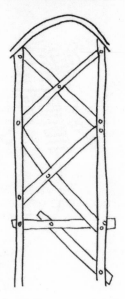

¡Sálvese quien pueda!

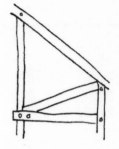

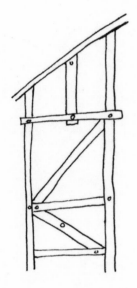

¿Quién está dando botes?

¿Qué hay ahí?

¿Dónde van a aterrizar?

No es exactamente donde había planeado.

Inventa un helado gigante.

¿Por qué está fuera de sus casillas?